REPONSE
DE DAVID DE PARIS,
REPRÉSENTANT DU PEUPLE,

Aux dix-sept chefs d'accusation portés contre lui par les Commissaires de la section du Muséum.

[illegible]
[illegible]

[illegible]

OBSERVATION

PRÉLIMINAIRE.

L'ÉCRIT qu'on va lire étoit achevé, et je me disposois à le livrer à l'impression, lorsque dans la nuit du 10 au 11 Prairial j'ai été arrêté dans la maison de campagne où j'étois retiré depuis un mois, en vertu d'un congé qui m'avoit été accordé par la Convention nationale. Cette arrestation, m'a-t-on dit, est une mesure de sûreté contre les membres des anciens comités de gouvernement, et j'ai dû y être compris. Mais je remarque que cette mesure n'a point atteint tous les membres de l'ancien gouvernement, et qu'elle n'a eu lieu qu'à l'occasion des évènemens du premier Prairial; d'où l'on peut conclure que ceux sur qui elle a été exécutée, ont paru des hommes dangereux par leur conduite ou par leurs intentions connues. Je dois donc m'attacher à détruire la prévention qui peut résulter de cet incident, d'autant plus fâcheux, que j'avois tout fait pour éloigner jusqu'au moindre prétexte de renouveller contre moi la longue persécution que j'ai déjà endurée; et je le ferai en peu de mots.

Je me suis livré avec enthousiasme à la défense de la liberté, et cet enthousiasme prenant sa source dans une cause qui a été si féconde en évènemens, m'a signalé comme l'un des plus chauds partisans des principes républicains et l'adversaire irréconciliable des opinions contraires. Dans le cours de la révolution, plusieurs de mes collègues, auxquels j'ai été attaché par cette conformité de sentimens, ont dévié des sentiers de la justice, et ils ont corrompu la source pure du véritable patriotisme, par le mélange odieux des passions, puisque, sous prétexte de servir la liberté, ils se sont rendus coupables des plus criminels excès. Leur conduite atrocement révolutionnaire a répandu sur leurs principes le caractère affreux imprimé à leurs actions, et il en est résulté dans l'esprit public une prévention presqu'insurmontable contre ceux qui, ayant partagé leurs opinions antérieures, n'ont cependant jamais été associés aux fonctions terribles dont ils ont affligé l'humanité : voilà, sans doute, par quelle cause secrète je me trouve enveloppé dans des mesures de sûreté générale, dont ma conduite depuis le 9 Thermidor auroit dû me garantir.

Cependant il eût été facile de distinguer ma cause de celle des représentans du peuple qui ont encouru la haine et l'indignation publique.

J'ai été, à la vérité, membre du comité de sûreté générale, mais tout le monde sait que je n'y ai rempli aucune fonction; que je n'y allois que rarement; que, vingt fois, j'ai offert ma démission; que je n'y ai jamais fait aucun rapport; que je n'ai accepté aucune mission; qu'enfin j'y étois d'une nullité absolue, et seulement placé pour faire nombre. On sait aussi que j'étois en même-tems membre du comité d'instruction publique, et que les fonctions de ce comité, beaucoup plus analogues à mes connoissances et à mes goûts, absorboient tout mon tems, puisque j'étois tout à la fois chargé de la surveillance des travaux du jardin national, et de l'organisation des fêtes décrétées à différentes époques par la Convention. Il y a donc en ma faveur une sorte d'*alibi* continuel sur les faits qui peuvent être à la charge de l'ancien comité de sûreté générale, et il seroit d'autant plus injuste de me comprendre dans la solidarité qu'on semble vouloir faire peser sur tous ses membres; qu'il est démontré que je n'ai pu y prendre aucune part, n'assistant presque jamais aux délibérations.

On m'a accusé d'avoir abusé de l'autorité pour me venger de mes ennemis. Je crois que ceux qui m'accusent de ce fait auroient été très-capables de faire ce qu'ils m'imputent, s'ils avoient été à ma place ; mais je déclare que l'accusation est absolument calomnieuse, et n'est d'ailleurs prouvée par aucune pièce, ni même appuyée sur aucune imputation directe ou positive. Loin d'avoir abusé de l'autorité, je ne me suis même jamais douté que j'aie eu de l'autorité ; et ce qui paroîtra bien étrange, et peut-être même incroyable à ceux qui ne m'ont jugé que sur la réputation que mes ennemis ont su me faire, c'est que je n'ai jamais accusé ni dénoncé personne, et que je n'ai eu aucune part directe aux nombreuses arrestations qui ont eu lieu sous le régime révolutionnaire. C'est un fait certain, et dont la preuve résulte des imputations même qui me sont faites par mes ennemis, et dont j'offre ici la réponse.

Ainsi, avant le 9 Thermidor, j'ai pu, sans être coupable, marcher dans la ligne révolutionnaire tracée par l'opinion dominante à cette époque ; et lorsque j'ai été appelé devant les trois comités réunis pour y rendre compte de ma conduite, j'ai démontré que l'erreur dans laquelle j'avois été entretenu sur les vues secrètes de Robespierre et de ses complices, étoit l'ouvrage de la Convention elle-même trop long-tems abusée par le faux éclat de leur patriotisme. Aussi mon innocence fut reconnue, et je recouvrai la liberté, qui ne m'avoit éte ravie que par les effets de l'injuste prévention dont je viens d'assigner le principe.

Depuis cette époque qui a dessillé mes yeux, j'ai mis dans ma conduite une réserve et une circonspection poussées jusqu'à la timidité. Instruit par une funeste expérience a me défier des apparences du patriotisme, de la franchise et de la bonne foi, j'ai rompu toutes liaisons avec les hommes que je fréquentois avant ma détention; je me suis tenu renfermé chez moi pour m'occuper du rétablissement de ma santé altérée par les cruels évènemens dont je venois de subir l'épreuve; et pendant tout l'intervalle que j'y ai employé, je n'ai reçu ni vu personne, m'abstenant soigneusement de toute espèce de correspondance. Au moment où j'ai recouvré une partie de mes forces, je me suis empressé de demander un congé de deux mois, pour aller achever mon rétablissement à la campagne, et dénoncé presqu'à la même époque par quelques individus, au nom de ma section, je me suis empressé d'informer les trois comités du lieu de mon séjour, en offrant de me rendre à Paris, au premier avis qu'ils m'en feroient donner. J'ai même porté la précaution jusqu'à écrire de nouveau au comité de législation, le 8 Prairial, pour demander d'être entendu, si mes ennemis venoient à solliciter quelques mesures rigoureuses contre moi, en profitant des évènemens qui ont eu lieu en mon absence ; et j'avois lieu de croire que la loyauté de ma conduite me garantiroit du nouveau malheur dont j'avois le pressentiment. Mais mes précautions, ma conduite, ma retraite, mon absence, ma circonspection, tout a été inutile contre l'activité de la haine qui me poursuit, et la plus injuste oppression vient encore s'appésantir sur ma tête.

Ai-je mérité cet indigne traitement ? c'est ce que tout homme impartial va juger, après avoir lu ma réponse aux calomnies publiées contre moi ; mais si je ne l'ai pas mérité ...... n'importe, c'est un sacrifice de plus que j'aurai fait à la liberté, et je peux tout souffrir pour elle.

RÉPONSE
DE DAVID, DE PARIS,

REPRÉSENTANT DU PEUPLE,

Aux dix-sept chefs d'accusation présentés contre lui à la barre de la Convention nationale, par la commission des douze, de la section du Muséum.

Au 10 Thermidor j'ai été accusé d'abus d'autorité, de terrorisme et de persécution : je me suis justifié devant les trois comités de la Convention nationale, nommés pour examiner ma conduite, et ces trois comités, après avoir vérifié les accusations, et entendu mes réponses, ont déclaré que j'étois innocent, et *qu'il n'y avoit pas lieu à examen contre moi.*

Plus de huit mois après, quelques individus de ma section, sous prétexte d'exécuter un décret qui a ordonné le désarmement de ceux qui se sont rendus coupables de véxations envers leurs concitoyens, ont imaginé de m'inculper de nouveau par les mêmes imputations sur lesquelles j'ai déjà été entendu et jugé, et les commissaires de la section du Muséum, dociles aux sugestions de mes ennemis, ont écrit des circulaires à tous les citoyens qu'ils ont présumé devoir me connoître, pour les inviter à venir déposer des faits quelconques à ma charge. Cette recherche a produit huit déclarations, dont les commissaires ont extrait dix sept chefs d'accusation qu'ils ont interprétés et commentés à leur manière, après les avoir arrangés dans l'ordre qui leur a paru le plus propre à élever contre moi les plus fortes préventions ; et pour assurer le succès de ce plan, ils se sont cru permis de dénaturer une partie de ces déclarations, et de faire dire aux déposans ce qu'ils n'ont réellement pas dit, afin de présenter au public, comme des accusations directes et positives, ce qui n'a été le plus souvent allégué que sur de simples ouï-dire : tant la haine est industrieuse dans ses moyens de nuire !

Je vais répondre à ces dix-sept imputations, et je ne pourrai pas le faire sans entrer dans beaucoup de détails extrêmement fastidieux, sans me livrer à des longueurs, à des répétitions ; mais tel est le désavantage de l'innocent calomnié, qu'à des accusations faites en peu de mots, il est obligé de répondre par de longs discours : car c'est la nature des choses d'ici bas, que le mal se fasse en un moment et ne puisse se réparer que par de longs efforts.

Ma méthode sera simple : j'ai fait imprimer, à la suite de cet écrit, les déclarations des citoyens qui ont été mandés, pour déposer contre moi, devant les douze commissaires de la section du Muséum, et en discutant chacun des dix-sept articles de la dénonciation qu'ils ont extrait de ces déclarations, j'aurai soin de renvoyer leurs assertions aux pièces originales qu'ils ont pris pour base de leur travail, afin que l'on puisse, par ce simple rapprochement, juger de la candeur et de la bonne foi qui ont inspiré leur conduite et dirigé leurs démarches. Mais pour donner une idée préliminaire de l'impartialité qu'ils disent avoir observée dans l'exercice des fonctions dont ils espèrent couvrir la passion qui les anime, je ferai remarquer d'abord, que non-seulement ils se sont permis d'étendre, d'interpréter et de dénaturer les faits qu'ils m'imputent, *après avoir déclaré qu'ils ne les ont pas examinés*; (*vide* leur pétition lue à la barre de la Convention) mais qu'insistant sur ces mêmes faits dans une affiche publiée depuis la date de leur dénonciation, ils se sont livrés contre moi aux plus violentes déclamations, afin de rallier à eux tous les esprits exaspérés par les derniers dangers qui ont menacé la représentation nationale.

On va sentir le développement de cette combinaison astucieuse et perfide dans la discussion de l'écrit que j'ai à refuter, et je vais en parcourir successivement toutes les parties.

PREMIER CHEF D'ACCUSATION.

David est accusé, disent les Commissaires, 1°. d'avoir lâchement abandonné son poste à la Convention le 9 Thermidor, et d'avoir fui chez lui pour y attendre l'issue du combat, afin de se jeter ensuite dans les bras du vainqueur.

Cette allégation envenimée est extraite de

la déclaration du citoyen Chemelat, imprimée à la suite de ce mémoire sous le n. 13; mais il n'est pas vrai que ce citoyen m'y ait accusé du fait dont il s'agit. Une accusation directe impose à celui qui en est l'auteur l'obligation rigoureuse de prouver les faits qu'il avance, et le citoyen Chemelat, loin d'avoir entendu contracter un semblable engagement, déclare au contraire très positivement qu'il ne garantit point celui dont il parle; qu'il ne le répète que parce qu'il l'a ouï-dire, et qu'il n'entend point en faire la matière d'une accusation personnelle. Cependant la pétition lue à la barre de la Convention porte que *David est accusé*, et le public a pu penser qu'une accusation aussi formelle étoit accompagnée de quelques preuves : eh bien, non-seulement ces preuves manquent, mais l'accusation même n'existe pas, et il se trouve que ce n'est autre chose qu'une supposition odieuse des commissaires de la section du Muséum, imaginée, comme je l'ai déjà observé, dans l'affiche, par laquelle j'ai annoncé ma réponse, dans l'unique vue de propager les effets de la calomnie, et d'élever contre moi une insurmontable prévention : ce plan se développera de plus en plus par la discussion de toutes les imputations que j'ai à repousser.

Je pourrois donc me borner à cette simple observation, relativement à ce prétendu chef d'accusation sur lequel les commissaires sont convaincus, dès le premier pas, d'imposture et de calomnie par les pièces même qu'ils ont produites contre moi; mais je dois rappeler, pour dissiper jusqu'aux moindres impressions qui auroient pu résulter de leur allégation, que j'ai prouvé par des pièces authentiques devant les trois comités qui ont examiné ma conduite, par rapport aux évènemens du 10 Thermidor, que mon absence de la Convention, à l'époque citée, loin d'élever contre moi aucune prévention défavorable, démontroit au contraire que j'ai été parfaitement étranger aux complots qui ont menacé la liberté; et la déclaration des trois comités, qu'il n'y avoit pas lieu à examen contre moi, est la meilleure réponse que je pourrois faire à cette imputation surannée, si j'avois à la repousser de nouveau.

SECOND CHEF D'ACCUSATION.

D'avoir, sous les ordres de Robespierre, créé, choisi et nommé le maire de Paris et les membres de la Commune.

Ce second chef d'accusation est extrait de la même déclaration de Chemdlat (v. n°. 13.) et ce citoyen, plein du ressentiment d'avoir été exclus du comité de l'instruction publique, dont j'étois membre, ne prend pas même le soin de dissimuler que c'est à ce principe qu'il faut rapporter les déclamations hiperboliques auxquelles il se livre contre moi avec une espèce de fureur. Mais il n'est pas vrai qu'il m'ait accusé d'avoir *créé, choisi et nommé le maire de Paris et les membres de la commune*, parce qu'il n'auroit pas voulu prendre l'engagement de le prouver. Il dit seulement qu'il l'a entendu dire et qu'il ne garantit pas le fait, attendu que cette simple allégation lui a paru suffisante pour me diffamer; mais les commissaires qui ont douté de l'effet d'une simple allégation, ont déclaré eux, positivement que j'étois accusé, quoique l'accusation n'existe pas et que le fait soit absurde.

Comment concevoir en effet que j'aie pu *créer*, *choisir et nommer le* maire de Paris et les membres de la commune, lorsqu'on sait que ces nominations étoient délibérées dans le comité de salut public, dont je n'ai jamais été membre : n'est-ce pas là une imposture stupide et souverainement ridicule? Et que doit-on penser de ceux qui, parlant au nom de leurs concitoyens, ont osé en faire la matière d'une accusation formelle contre la lettre même des pièces, dont ils disent qu'ils l'ont extraite, *sans l'avoir examinée?*

Il y a donc dans cette seconde accusation, absurdité dans le fait allégué sur ouï-dire par Chemelat; mensonge dans l'exposé des commissaires, qui l'ont répété; malveillance, haine et calomnie des deux parts.

TROISIEME CHEF D'ACCUSATION.

D'avoir, dans de fréquentes orgies et des repas somptueux, dont il étoit l'ame et le président, allumé la rage des factieux contre la Convention et contre les bons citoyens, et d'avoir dressé des listes de proscription pour envoyer les citoyens de la section à la guillotine.

C'est toujours sur ouï-dire et sans vouloir les garantir que Chemelat avance ces horreurs (v. n°. 13.) et les commissaires continuent de tourner en accusation formelle de misérables allégations, non-seulement destituées de preuves, mais que l'auteur déclare ne pouvoir pas prouver. Au contraire, la déclaration de Chemelat, d'où l'on a extrait ces atroces impostures, se trouve formellement démentie par la déclaration de deux autres déposans mandés contre moi par les douze commissaires.

Voyez à cet égard les déclarations des citoyens Robit et Verrier, sous les numéros 2 et 3. Quoique ces déclarations aient été rédigées avec les intentions perfides qui éclatent de toutes parts dans l'ouvrage des commissaires, ils n'ont pu tellement les dénaturer, qu'il ne demeure pour constant que ces citoyens ont contredit les assertions virulentes de Chemelat.

Robit déclare (ce qui est vrai) que les repas dont il s'agit eurent lieu à l'époque des fêtes qui furent célébrées pour Marat; mais loin de prétendre que David en étoit l'ame et le président, il annonce qu'on lui a simplement dit que David y assistoit; qu'il sait que Fleuriot y invita plusieurs citoyens de la section, et il pense que Koliquer, suisse, chez qui ces repas se donnèrent, doit être en état de fournir des renseignemens sur ce qui s'y passoit. A l'égard des listes de proscription, il déclare qu'il n'a aucune connoissance du fait et qu'il en a seulement entendu parler.

J'observe en passant que le citoyen Koliquer, qui est indiqué dans cette déclaration comme étant en état de donner des renseignemens sur ce qui se passoit dans les repas dont il s'agit, n'a pas été mandé, sans doute pour que son rapport ne contrariât pas l'accusation énoncée.

Verrier déclare positivement (v. n°. 13.) qu'il s'est trouvé cinq ou six fois aux repas dont il s'agit, et qu'il ne s'y est rien tramé contre la liberté ni la sûreté des citoyens ; mais qu'il lui a été dit que lorsqu'il y avoit quelque chose d'extraordinaire à décider, *on alloit boire la petite goute chez le représentant du peuple David.*

Ainsi rapprochez le texte de ces trois déclarations et jugez de la bonne foi des commissaires de la section du Muséum, qui ont osé dire que je suis accusé *d'avoir allumé la rage des factieux contre la Convention*, dans des orgies et des repas somptueux, et d'avoir dressé des listes de proscription.

Demandez-leur où sont mes accusateurs, où sont les pièces de l'accusation, quels sont les factieux dont j'ai allumé la rage contre la Convention; dans quelles orgies, dans quels repas somptueux on m'a vu en qualité de président pousser les citoyens à la révolte, où sont enfin les listes de proscription que j'ai dressées; ils vous produiront trois déclarations contenant *des oui dire*, qui toutes trois se contredisent et dans lesquelles aucun des faits atroces qui me sont imputés par les commissaires, n'est clairement ni positivement énoncé, et cependant ces commissaires ont osé présenter ces incohérences atroces, absurdes, invraisemblables, comme une accusation formelle, lorsqu'il n'existe ni pièce, ni preuve, ni accusation, ni dénonciation, ni aucun accusateur!!!

QUATRIEME CHEF D'ACCUSATION.

D'avoir organisé la horde d'assassins appelée commission populaire, soi-disant établie pour rendre la liberté aux détenus, et à la tête de laquelle il fit placer le farouche et sanguinaire Trinchard.

Cela est encore extrait des ouï dire du citoyen Chemelat (v. sa déclaration n°. 13.) et l'accusation est toujours et entièrement de la composition des commissaires.

Je répéterai à cet égard l'observation que j'ai faite sur le second chef d'accusation, savoir : que la commission populaire dont il s'agit fut créée et organisée par l'ancien comité de salut public, dont je n'étois pas membre, et que conséquemment il est impossible que j'aie eu aucune part à l'organisation qu'on m'attribue. J'ajouterai que je n'ai jamais eu aucune relation avec le *farouche et sanguinaire* Trinchard, qui a été placé à la tête de cette commission, et que tout ce qui est relatif à ce fait m'est aussi parfaitement étranger que la nomination du maire et des membres de la commune, qu'on m'a de même si judicieusement attribuée.

Au reste l'absurdité de ces imputations doit me dispenser d'y répondre.

CINQUIEME CHEF D'ACCUSATION.

D'avoir fait chasser d'un des bureaux de l'instruction publique un père de famille honnête et respectable, en disant qu'il ne souffriroit pas en place un mauvais citoyen qui étoit l'ennemi de Robespierre et des siens; d'avoir dit à ce citoyen mille horreurs et d'avoir imprimé la terreur dans son ame.

C'est toujours du citoyen Chemelat dont il s'agit (v. sa déclaration n°. 15.) et l'on remarquera sans doute que c'est le grief dont il se plaint ici qui a produit les quatre chefs d'accusation qui précèdent.

Mais je le demanderai aux commissaires de la section du Muséum : depuis quand donc est-il permis de faire un crime à un représentant du peuple de son opinion sur le compte des individus soumis à sa surveillance immédiate ? Quoi ! parce qu'ils disent que le citoyen Chemelat est un père de famille *honnête et respectable*, je serai coupable d'en avoir conçu une opinion différente et je n'aurai pas eu le droit de le faire remarquer à mes collègues comme un homme incapable des fonctions qui lui avoient été confiées !

Je n'ai jamais connu le citoyen Chemelat sous les rapports d'un homme honnête et respectable, et pour prouver qu'il n'est ni l'un ni l'autre, je n'ai besoin que de lui opposer la déclaration calomnieuse et pleine de fiel qu'il a osé faire contre moi.

Un homme honnête respecte la vérité, et s'il

s'il a des faits à déclarer contre un de ses concitoyens, il parle sans passion et sans haine, se bornant à produire les preuves des délits qu'il est forcé de révéler. Est-ce là la conduite de Chemelat ?

Où sont les preuves des atrocités qui me sont imputées *par ce père de famille respectable* ? Non seulement il n'en produit aucune, mais afin de pouvoir me calomnier sans danger, il ne cite que des *oui dire*; il déclare qu'il ne garantit pas la vérité de ce qu'il avance, certain que la calomnie n'en aura pas moins son effet, et se confiant à cet égard au génie industrieux des commissaires, dans le sein desquels il dépose toutes les ordures qu'il a pu recueillir dans la lie des passions que la révolution a soulevées contre moi.

Mais heureusement une calomnie excessive est presque toujours une calomnie absurde, et Chemelat en fournit un exemple frappant.

Je le demande; à qui persuadera-t-il, *ce père de famille honnête et respectable*, que pour le faire exclure des bureaux de l'instruction publique j'aie eu besoin d'alléguer pour motif qu'il n'aimoit pas Robespierre ni les siens ? Suivant lui tous mes collègues du comité de l'instruction publique étoient donc les amis de Robespierre, puisque tel est le motif qui les a déterminés à prononcer contre Chemelat, et lui seul avoit le courage de manifester sa haîne contre un homme que l'opinion publique environnoit à cette époque de tout ce qu'elle a de plus vénérable et de plus imposant ! Non, un tel courage n'est jamais entré dans l'ame d'un vil calomniateur qui, joignant la bassesse à la méchanceté, n'ose pas même accuser en face, et qui dans sa lâche fureur, craignant de se compromettre, tend à une main plus hardie le poignard qu'il forgea pour m'assassiner.

Eh qu'avois-je besoin d'alléguer des motifs aussi ridicules pour faire exclure le citoyen Chemelat des bureaux où il s'étoit introduit? Ce que j'ai fait alors, je le ferois aujourd'hui, car les mêmes raisons subsistent pour moi. Il falloit dans la place usurpée par ce citoyen, un homme instruit, et c'est un ignorant; un homme de mœurs sévères, et il est connu par son intempérance; un homme ayant le talent de la rédaction et de la clarté du style, et ses productions ne sont qu'un bavardage incohérent, diffus et presqu'insoutenable (lisez sa déclaration en entier et jugez); comment aurois je donc eu besoin de cette allégation niaise *de ne point aimer Robespierre ni les siens?*

Je ne répondrai point au reproche qu'il me fait d'avoir imprimé la terreur dans son ame et de lui avoir dit mille horreurs; ceux qui pourront supporter le dégoût de lire sa déclaration en entier s'appercevront aisément que ce sont là des fleurs de la rhétorique de cet instituteur, qui ne le cèdent en rien à la description touchante qu'il fait (par goût pour les antithèses) *de ses repas de pommes de terre, comparés aux mets délicieux dont je me savourois chez le Suisse du Louvre*; mais heureusement des antithèses et des fleurs de rhétorique ne tiennent lieu ni de faits ni de raisons; sans cela un écrivain de la force de Chemelat, seroit le plus redoutable des adversaires.

SIXIEME CHEF D'ACCUSATION.

D'avoir fabriqué une liste de proscription contenant le nom de differens artistes du Louvre, qu'il a fait déposer au comite révolutionnaire de la section du Muséum, pour qu'il sévît contre ceux qui étoient désignés, et d'avoir dit que le comité ne mettoit pas assez de zèle, et qu'il falloit agir avec plus de sévérité.

Cette calomnie n'est pas moins absurde que celles dont on vient de lire la réfutation, et j'espère le prouver en peu de mots.

1.° Je n'ai jamais fait aucune liste de proscription ni d'aucune autre espèce, et jamais l'on ne pourra produire contre moi aucune pièce d'où l'on puisse induire que j'aie eu la moindre part aux persécutions que quelques artistes ont éprouvées.

2°. Vilmorin, Richarme et Hubert qui parlent de listes déposées au comité révolutionnaire de la section du Muséum (voyez leurs déclarations, sous les numéros 7, 12 et 14) ne les qualifient point de listes de proscription.

3°. Aucun d'eux ne m'accuse directement, ils différent entr'eux sur les faits, et les commissaires ont dénaturé leurs déclarations en m'imputant, d'après eux, *d'avoir fabriqué une liste de proscription.*

4.° Cette liste n'existe réellement pas, et n'a point été produite.

5.° Et enfin, il est avoué et reconnu que celle dont ont voulu parler les déclarans, n'a jamais été signée de moi, et qu'elle n'a eu aucune suite.

Maintenant je vais expliquer avec simplicité le fait qui a donné lieu à cette imputation, qui a produit tant d'autres calomnies.

Au mois de Septembre 1793, Vilmorin, membre du comité révolutionnaire de la section du Muséum, vint me demander le nom des artistes qui habitoient le Louvre. Il étoit chargé par le comité de prendre des informations sur leur conduite, et il n'étoit point encore question à cette époque des mesures rigoureuses qui ont produit tant d'arrestations, et qui n'ont eu lieu que plus de huit mois après. La loi du 17 Septembre, qui venoit d'être rendue n'avoit point encore dégénéré en interprétation tyrannique et arbitraire, et les comités révolutionnaires bornoient, hors les cas exprimés dans la loi, leurs fonctions à une simple surveillance.

Je donnai donc à Vilmorin les noms des artistes domiciliés dans le Louvre, où j'habite moi-même, et sur la prière qu'il me fit d'écrire quelques uns de ces noms, qu'il ne savoit point ortographier, je le fis, *au crayon*, sur un carré de papier qu'il tenoit à la main, et qu'il me présenta. Depuis, je n'en ai point parlé ni entendu parler, et je suis bien certain qu'aucun de ceux dont j'ai indiqué les noms, n'a été arrêté ni inquiété : d'ailleurs ce fait est constant par les déclarations même que les commissaires ont produit à l'appui de leurs accusations.

Voilà, dans l'exacte vérité, à quoi se réduit le fait simple sur lequel on s'est appuyé pour me créer le caractère atroce des Marius et des Sylla. Voilà sur quel fondement on a élevé cet échafaudage de projets sanguinaires, cette haine de mes rivaux, ces desirs de vengeance et toute cette série d'imputations révoltantes qui exercent un empire absolu sur les esprits crédules, et par lesquelles, dans un tems de révolution où tant de passions funestes ont presque déshonoré la nature humaine, on est sûr de saisir l'imagination du peuple avec une force presque irrésistible. C'est là, on n'en sauroit douter, le secret et j'oserois presque dire le méchanisme de la persécution dirigée contre moi. Qu'ils ont bien connu la nature de l'esprit humain, ceux qui, pour m'accuser et me flétrir dans l'opinion publique, ont choisi un tems et des circonstances où la prévention est pour ainsi dire à l'ordre du jour; où le peuple violemment ému par le souvenir d'un pressant danger saisit avec avidité les moindres rapprochemens propres à le mettre sur la trace de ses ennemis; où l'ame ouverte à toutes les impressions de la vengeance, livré à toutes les impulsions du ressentiment, il embrasse avec ardeur jusqu'aux plus fausses apparences; un tems enfin où l'erreur usurpant l'empire de la vérité, offre aux passions déchainées l'affreux plaisir de sacrifier l'innocence, vainement retranchée dans sa conscience et réclamant pour tout appui la justice et les lois! Oui, la persécution que j'éprouve, malgré les précautions que j'ai prises pour l'éviter, me démontre que ce calcul odieux est entré dans les combinaisons de la haine qui me poursuit, et l'art perfide avec lequel on a su tourner en accusation des propos vagues, insignifians ou contradictoires, décèle de toutes parts cette barbare intention.

Je le demande à tout homme impartial; si l'on n'eût das compté sur les funestes effets de la prévention et sur les moyens mis en usage pour l'entretenir, auroit-on osé m'accuser d'avoir voulu faire périr mes rivaux par des listes de proscription remises au comité révolutionnaire ?

J'étois membre du comité de sûreté générale, je jouissois de quelque popularité, et l'on sait que ce comité n'accueilloit que trop facilement les dénonciations qui lui étoient faites, et que l'effet en étoit sûr, lorsqu'elles étoient présentées par un de ses membres.

Si j'avois eu l'ame atroce qu'on me suppose, aurois je eu besoin d'un comité révolutionnaire pour faire arrêter les hommes qu'on m'a accusé d'avoir persécutés; ne l'aurois-je pas fait plus sûrement, avec moins d'éclat et de dangers, par la voie du comité de sûreté générale? Et comment concevoir que, lorsque je pouvois me couvrir de l'autorité de ce comité, dont les opérations étoient d'ailleurs secrètes, j'aie préféré de mettre dans ma confidence tout un comité révolutionnaire, qui pourtant, suivant les déclarations citées, s'est refusé à l'exécution de mon vœu, sous prétexte que je n'ai point signé la liste qu'on m'impute.

D'ailleurs, où sont les hommes que j'ai fait arrêter: on dit que ce sont mes rivaux, pourquoi donc ne les nomme t on pas? Pourquoi ne se présentent ils pas eux mêmes pour m'accuser?

Quoi! j'ai été un tyran, un oppresseur, un persécuteur, et l'on n'entend pas une seule des nombreuses victimes de mon injustice ; on n'ose pas citer un seul nom. On sait qu'il me seroit trop facile de prouver l'imposture : et cependant on me prodigue les qualifications les plus outrageantes, les imputations les plus odieuses et les plus exagérées.

Non, les artistes mes rivaux, ceux dont les talens ont excité mon émulation, et que j'ai suivis de près dans la noble carrière des arts, ne m'accuseront pas de les avoir persécutés, d'avoir menacé leur liberté, leur sûreté, leur vie. Ils ont eu à se plaindre de mes opinions ; elles different des leurs, je ne le dissimule pas, et dans mes vues sur les réformes, dont m'a paru susceptible l'institution des beaux arts, j'ai pu froisser leurs intérêts, et contrarier leurs idées sur la même matière ; mais je ne me suis jamais dégradé par le rôle infâme de persécuteur ; tout ce qu'on m'impute à cet égard est mensonge, fausseté, calomnie, et je suis trop heureux qu'aucun de ces artistes, distingués par leurs talens, n'aient été arrêtés sous le régime révolutionnaire, car on n'eût pas manqué de me faire un crime de plus du malheur qu'ils auroient essuyé.

Ainsi, pour me résumer sur ce sixième chef d'accusation, je répète que les listes de proscription qu'on m'accuse d'avoir fabriqué, n'ont jamais existé ; qu'il est avoué que je n'ai jamais signé aucune note, écrit aucun billet ayant pour objet de provoquer la sévérité du comité révolutionnaire de la section du Muséum sur des citoyens de cette section ; qu'aucun de ceux qu'on suppose avoir été portés sur la liste dont on parle, n'a été ni arrêté ni inquiété, et qu'enfin ni dans cette occasion ni dans aucune autre, je n'ai ni dénoncé, ni accusé, ni fait arrêter personne, et qu'effectivement personne ne m'accuse d'un fait de cette nature.

SEPTIEME CHEF D'ACCUSATION.

D'avoir dit que tous les artistes et les académiciens seroient mis en état d'arrestation et ensuite égorgés, et qu'un jour, qui n'étoit pas éloigné, feroit oublier le 2 Septembre; qu'un bon canon, chargé à mitraille, tiré sur les artistes, feroit beaucoup de bien à la république, et que le jour où l'on devoit tenter la contre-révolution, qu'il avoit l'air d'annoncer avec confiance, on égorgeroit les nobles et les prêtres tous les marchands et tous les artistes, et qu'alors on seroit libre.

Il s'agit d'une conversation que Marie-Cecile, Auge Houdon, dit avoir eue avec moi dans mon domicile où elle étoit venue me solliciter en faveur de son beau frère injustement incarcéré (Voyez sa déclaration nº. 8.) Or, pour la convaincre de mensonge, je n'ai besoin que de faire remarquer le sens des propos qu'elle m'impute.

C'est le 18 Novembre 1793 que cette citoyenne est venue chez moi, et voici ce qu'elle suppose que je lui ai dit pour me dispenser d'agir en faveur de son beau frère.

1º. Que je comptois sur la contre-révolution et que je l'attendois comme le messie.

Mais la contre-révolution, ce me semble,

est le renversement du gouvernement établi ; d'où il suit que d'après le récit de la citoyenne Houdon, j'ai déclaré que j'attendois, *comme la venue du messie*, la destruction d'un gouvernement dont à cette époque j'étois membre.

2°. Que tous les artistes et académiciens seroient mis en prison et ensuite égorgés.

Il s'est écoulé plus de deux ans et demi depuis l'époque de cette prophétie, et heureusement elle ne s'est point vérifiée. Il n'y a eu qu'un petit nombre d'artistes incarcérés, et plus heureusement encore aucun n'a été égorgé. Si dans la cruelle époque que nous avons parcourue, quelques-uns d'eux eussent éprouvé un sort aussi funeste, Cécile Ange Houdon m'auroit donc accusé d'avoir causé leur mort !

3°. Qu'un bon canon chargé à mitraille tiré sur tous les artistes, feroit beaucoup de bien à la république.

Mais puisque je venois d'annoncer qu'ils seroient tous égorgés, c'est évidemment un double emploi que fait ici la citoyenne Ange Houdon, et l'on pourroit raisonnablement en conclure que ce canon n'est placé-là que pour l'effet, ce qui prouve que la citoyenne Houdon aime le bruit.

4°. Qu'il y auroit un massacre tellement général, qu'il feroit oublier le 2 Septembre.

L'absurdité révoltante de cette supposition se développe ici dans toute sa noirceur par le seul rapprochement de la date où l'on prétend que la conversation citée a eu lieu. A qui persuadera t on qu'à une époque où le gouvernement populaire étoit tellement puissant, qu'on a pu abuser en son nom des formes de la justice pour faire périr une multitude de victimes innocentes, j'aie pu annoncer des massacres et des vengeances que la fureur la plus aveugle eût alors jugés sans motifs et sans objet ? Et c'est une femme qui, pour se prêter aux vues perfides de mes ennemis, a pu se porter à cet atroce mensonge !

Oui, celui qui auroit tenu les discours qu'on vient de lire, seroit assurément très coupable; mais c'est être mille fois plus coupable encore que de l'en accuser faussement; car, à la noirceur de la pensée, se joint la barbarie de l'intention, et ce n'est pas à de pareils traits que l'on croiroit pouvoir reconnoître une femme.

HUITIEME CHEF D'ACCUSATION.

D'avoir dit à un citoyen qui réclamoit pour sa sœur arrêtée illégalement en Messidor dernier, et depuis guillotinée, que le tribunal d'alors étoit juste. (Voyez la déclaration du citoyen Vernet, n°. 9.)

Voici le fait qui donne lieu à cette accusation vraiment singulière.

En Messidor dernier, la citoyenne Chalgrin fut arrêtée sous prétexte de complicité avec la citoyenne Filleul, accusée d'avoir détourné à son profit des meubles et effets appartenans à la nation.

Le citoyen Vernet, son frère, informé de cet événement, vint aussitôt me faire part de ses alarmes et me prier de m'instruire des motifs de cette arrestation. Je me rendis aussitôt au comité de sûreté générale, où j'appris que la citoyenne Chalgrin avoit été traduite au tribunal révolutionnaire, comme étant comprise dans l'accusation intentée contre la citoyenne Filleul.

Il existoit un arrêté du comité de sûreté générale qui interdisoit aux membres qui le composoient toute espèce d'intervention et d'influence dans les affaires soumises au tribunal révolutionnaire; et je ne pouvois, sans trahir mon devoir et sans prévariquer, interposer ma médiation dans l'affaire de la citoyenne Chalgrin, qui y avoit été renvoyée.

Je le déclarai au citoyen Vernet, en lui témoignant le chagrin que je ressentois de ne pouvoir le servir; et désirant calmer sa vive douleur, je lui dis, pour le consoler et ranimer l'espérance dans son cœur, que le tribunal révolutionnaire étoit juste, et que sa sœur étant innocente, ne devoit rien redouter.

Dans l'impuissance d'agir, je n'avois point d'autre moyen de témoigner ma sensibilité au citoyen Vernet, qu'en cherchant à lui inspirer quelque confiance dans la justice d'un tribunal que je ne pouvois pas soupçonner capable de commettre des assassinats au nom de la justice et des lois; et cependant on me fait un crime des seuls témoignages d'intérêt qu'il me fut permis de donner à la famille d'un grand homme, dont j'ai été plus que personne l'ami et le sincère admirateur.

Mais on croiroit peut-être à la lecture de ce huitième chef d'accusation que le citoyen Vernet est allé, de son propre mouvement, à la commission des douze dénoncer le fait dont il s'agit, comme une nouvelle preuve de ma dureté envers les victimes du régime de la terreur.

Eh bien, il n'en est rien : le citoyen Vernet mandé pour déposer contre moi, s'est borné à déclarer le fait dans sa simplicité, sans entendre en faire la matière d'une dénonciation, et c'est une explication que je tiens de lui même.

Il ne pouvoit pas entrer dans le cœur de cet estimable artiste de m imputer à charge l'impuissance où m'ont réduit les circonstances cruelles où nous nous trouvions à l'époque malheureuse dont-il s'agit ; et sans doute il n'a pas oublié par quels sentimens de fraternité je me suis lié à sa famille, en demandant à hériter d'un seul des pinceaux de son illustre père. Ce legs précieux, que je conserve avec un tendre respect, découvre un sentiment qui ne peut pas m'avoir laissé spectateur froid et indifférent des malheurs dont il a gémi ; et s'il avoit pu lire au fond de mon cœur, il m'auroit trouvé, peut être, encore plus à plaindre que lui.

On voit donc que cette étrange accusation est encore entièrement du fait des douze commissaires.

NEUVIEME CHEF D'ACCUSATION.

D'avoir arbitrairement fait rayer de la société des Jacobins un citoyen qui se refusa à charger, malgré sa volonté, les députés calomniés sous le nom de Girondins, et d'avoir voulu ce même jour faire assassiner ce citoyen, en sortant des Jacobins.

Il suffira de lire la déclaration du citoyen Boze, qui a fourni ce neuvième chef d'accusation, (voyez la pièce n°. 15), pour être convaincu qu'elle a été fabriquée pour la circonstance du moment, et dans la vue d'exciter contre moi le ressentiment de ceux de mes collègues qui ont été persécutés, sous prétexte de fédéralisme. On y cite un fait qui s'est passé dans le sein de la société des jacobins, il y a plus de deux ans et demi, sans rendre compte des circonstances propres à expliquer ce fait, ni des incidens qui y donnèrent lieu.

La vérité, c'est que je n'interpellois le citoyen Boze, de monter à la tribune des jacobins, pour déclarer ce qu'il savoit sur l'affaire qui étoit à cette époque à l'ordre du jour, que parce qu'il m'avoit fait en particulier, des déclarations dont je ne voulus pas me charger de rendre compte, et que les contradictions qui furent remarquées entre ce qu'il m'avoit dit devant plusieurs témoins, et ses réponses aux interpellations qui lui furent faites, l'ayant convaincu de mensonge et fait suspecter ses intentions, la société crut devoir l'exclure du nombre de ses membres. Cette radiation fut-elle arbitraire? Cela se peut; mais il est absurde de me l'imputer comme un fait personnel, puisqu'elle fut le résultat d'une délibération de la société sur laquelle on sait que je n'ai jamais exercé aucune sorte d'influence. Et comment l'aurois-je fait? On sait que je n'ai pas le talent de la parole, et que ce moyen est le seul par lequel on puisse exercer quelque empire sur les assemblées nombreuses. On sait aussi que cette influence étoit réservée à un très-petit nombre de membres de la Convention, qui dirigoient la société, et que je n'y parlois jamais en public. L'autorité qu'on m'attribue sur l'esprit des membres de cette société est donc une supposition notoirement fausse et évidemment imaginée, pour donner quelque vraisemblance à l'imputation ridicule que je viens de réfuter.

Sur le projet d'assassinat dont le citoyen Boze a embelli son récit, j'invoquerai la déclaration du citoyen Dufourny, qu'il cite comme témoin de la scène qui eut lieu à l'issue de la séance de ce jour. Ce citoyen déclarera que je me réunis à lui pour retenir la fureur de deux volontaires marseillois qui, indignés de ce qui venoit de se passer, paroissoient déterminés à se porter contre le citoyen Boze aux dernières violences; voilà, dans l'exacte vérité, *comment j'ai voulu faire assassiner ce citoyen en sortant des jacobins.*

DIXIÈME CHEF D'ACCUSATION.

D'avoir été vu souvent parmi les femmes, qui assistent aux séances de l'assemblée générale, pour les exciter à applaudir les orateurs de tel côté, et à huer ceux qui voudroient parler de l'autre. Il est à remarquer que ce côté que David appeloit celui des patriotes, étoit composé de Fleuriot, Truchard et autres agitateurs de cette trempe, (*voyez la déclaration du citoyen Marcel*, n.° 10.)

Je déclare que depuis que je suis représentant du peuple, je n'ai assisté à aucune assemblée générale de ma section, que jamais je ne me suis mêlé en aucune manière de ses délibérations, que je ne suis même entré dans le lieu où se tiennent les assemblées qu'une seule fois, pour y chercher la citoyenne qui tient mon ménage, et que Marcel est un atroce imposteur, lorsqu'il ajoute m'avoir vu écrivant avec un crayon les noms des citoyens qui ne parloient pas dans le sens des patriotes. Je défie ce calomniateur effronté de produire un seul témoin qui ose appuyer cette odieuse et lâche supposition, et je lui donne sur son allégation, le démenti le plus solemnel, qu'un honnête homme ait jamais pu donner à un insigne calomniateur.

Je ferai remarquer ici que la déclaration de ce citoyen Marcel à fourni aux commissaires la matière de six chefs d'accusation; je vais y répondre, car je me suis imposé la tâche de répondre à tout, mais on ne doit pas perdre de vue, par quelle étrange méthode on est parvenu à multiplier à ce point la longue série des imputations de toute espèce qui se sont accumulées contre moi.

ONZIEME CHEF D'ACCUSATION.

D'avoir insisté au comité de sureté générale, pour qu'on n'accordât à aucun citoyen de la section du Muséum de liberté sans son agrément et sa participation. (Voyez Marcel, n°. 10.)

Je demanderai au citoyen Marcel comment il a pu savoir ce qui se passoit au comité de sûreté générale, et comment il a pu venir scruter mes opinions jusques dans le sein de ce comité, dont toutes les délibérations étoient secrètes ? Il cite le représentant du peuple Laloi, pour le lui avoir entendu dire. Eh bien, qu'on entende mon collègue, et l'on jugera ensuite de la véracité et de la pureté des intentions du délateur.

En attendant, je nie encore ce fait, non pour m'en justifier, mais parce qu'il est faux; car j'aurois pu, sans être coupable, proposer au comité d'être entendu dans les renseignemens dont il auroit pu avoir besoin sur les citoyens de ma section, émettre même l'opinion qu'on me prête, sans qu'on pût m'en faire un reproche, puisque la proposition étant supposée avoir été faite au comité, tiendroit essentiellement à la liberté des opinions, qui est la garantie la plus assurée de la liberté publique.

Mais je déclare que c'est un mensonge absurde de dire que j'ai insisté pour qu'on n'accordât aucune liberté sans *mon agrément et ma participation*, car un semblable langage auroit soulevé contre moi tous mes collègues comité qui, assurément, ne se seroient pas du crus obligés de soumetire leur vœu à *mon agrément et à ma participation.*

DOUZIEME CHEF D'ACCUSATION.

D'avoir cependant refusé constamment sa porte à une citoyenne qui alloit solliciter la liberté de son mari (ibid.)

Je me bornerai sur ce 12. chef d'accusation,

tion, à rappeler que plusieurs représentans du peuple ayant été accusés de se laisser gagner par les sollicitations des femmes, les comités de gouvernement crurent devoir éloigner par l'austérité de leur conduite les soupçons que la malveillance se plaisoit à répandre pour leurs faire perdre la confiance du peuple ; et qu'en conséquence ils prirent un arrêté pour interdire à tous leurs membres la faculté de recevoir chez eux ou d'écouter aucunes sollicitations dans les affaires qui intéressoient leurs fonctions. Cet arrêté fut imprimé, pour être affiché sur la porte de chaque représensant, et je me suis exactement conformé aux dispositions qui y ont été prescrites.

Lors donc que la citoyenne Marcel s'ést présentée chez moi, elle a lu sur ma porte les motifs de mes refus ; et l'accusation qui m'est intentée à ce sujet, se réduit aux termes suivans : « de s'être conformé à la loi qui lui « défendoit de recevoir chez lui aucune femme » venant le solliciter en qualité de membre » du comité de sûreté générale.

Si l'on peut être coupable pour avoir obéi à ses devoirs, j'avoue qu'on pourra me reprocher bien des crimes : mais qu'on soit certain que je ne prendrai pas la peine de m'en justifier.

TREIZIEME CHEF D'ACCUSATION.

D'avoir repoussé avec dureté la même citoyenne, portant dans ses bras un enfant qu'elle nourrissoit, et de lui avoir dit qu'il ne vouloit point s'intéresser pour un marchand, et encore moins pour un marchand Epicier (ibid,)

Comme ce 13. chef d'accusation n'est qu'une amplification du précédent, et qu'il n'est évidemment là que pour faire nombre, je ne pense pas qu'il mérite une réponse particulière. Le tableau de cet enfant à la mamelle, porté dans les bras de sa mère, fait très bien ressortir la dureté de mon refus; mais en conclura-t on avec les commissaires de la section, que j'ai commis un crime pour n'avoir pas voulu m intéresser à un marchand épicier? Telle est exactement l'analyse de l'accusation que ces hommes judicieux ont ajoutée à toutes celles qu'on vient de lire.

QUATORZIEME CHEF D'ACCUSATION.

De lui avoir dit d'un ton furieux que son mari seroit guillotiné, ou au moins déporté.

Je n'ai besoin ici que d'opposer le citoyen Marcel à lui-même, et de faire remarquer l invraisemblance, et la contradiction de son récit.

Il a déclaré que je ne le connois point, que je ne l'ai même jamais vu, que j'ai constamment refusé de recevoir sa femme chez moi, et que je lui ai toujours répondu que je ne pouvois pas m'intéresser à l'affaire dont elle venoit m'entretenir; et c'est dans un lieu public, au bas d'un escalier, près d'un passage, qu'il suppose que j'ai dit à cette citoyenne *d'un ton furieux* qu'il seroit guillotiné ou au moins déporté! Mais comment aurois-je pu être furieux contre lui, puisque je ne le connois pas; comment aurois-je prononcé qu'il seroit guillotiné ou au moins déporté, si je n'ai pas même voulu entendre l'exposé des motifs de sa détention? N'est-il pas évident que c'est encore là une extension de ce reproche si fécond en imputations, *d'avoir refusé constamment ma porte à une citoyenne qui alloit solliciter la mise en liberté de son mari?*

QUINZIEME CHEF D'ACCUSATION.

D'être la cause, par cette brutalité, que cette citoyenne a éprouvé des crises convulsives dont elle souffre encore et dont elle souffrira toute sa vie. (Ibid.)

Le public jugera si, pour avoir refusé d'entendre une citoyenne que mon devoir et la loi me défendoient de recevoir chez moi, je peux être responsable des crises convulsives qu'elle dit avoir ressenties par l'effet de mon refus?

Je dois m'applaudir, en attendant, de ce que la citoyenne Marcel n'a éprouvé aucun autre accident, car il n'est pas douteux que les commissaires de la section du Muséum auroient porté contre moi autant de chefs d'accusation qu'elle auroit essuyé d'indispositions; et je dois sur tout bénir la providence d'avoir conservé ses jours, car certainement sa mort seroit venue grossir la liste de mes crimes.

SEIXIEME CHEF D'ACCUSATION.

D'avoir persécuté un artiste qui avoit traité un sujet qui lui a mérité un prix d'encouragement par le jury des arts, et de lui avoir dit qu'il seroit guillotiné pour cet ouvrage. (Voyez la déclaration du citoyen le Thiers, n°. 11.)

Dans sa déclaration, le citoyen le Thiers ne dit pas un mot de la persécution que les commissaires m'imputent d'avoir exercée contre lui; et effectivement un pareil reproche ne pourroit être fondé que sur des faits matériels, et il n'en existe point.

L'altercation qui eut lieu entre le citoyen le Thiers et moi ne fut autre chose qu'une discussion sur l'inconvenance du sujet qu'il avoit choisi pour présenter au concours qui fut ouvert aux beaux arts à l'époque de l'acceptation de la constitution; ce fut une conversation purement polémique, dans laquelle je soutins mon opinion, et où il défendit la sienne, et qui n'a été suivie d'aucune marque de ressentiment de ma part, ni d'aucune plainte de la sienne, si ce n'est dans ces derniers tems, où il paroît s'être rallié à mes ennemis les plus déclarés. Je dirai plus, c'est que les observations que je lui fis alors, et qu'il a depuis si étrangement défigurées, furent fondées sur son intérêt et n'exprimoient que la crainte qu'il se fût compromis par l'imprudence de son choix.)

La composition de cet artiste mettoit en scène Herault Séchelles dans un tems très-voisin de l'époque où ce député fut condamné comme conspirateur, et où sa mémoire flétrie par le jugement qui l'avoit condamné à mort, étoit en horreur aux patriotes. La manifestation d'une opinion contraire aux principes et aux vues du gouvernement, étoit à cette époque un crime qui pouvoit conduire à l'échafaud, et tous les jours quelques victimes en faisoient la funeste expérience : or, le citoyen le Thiers, en faisant son héros d'un homme devenu odieux aux dictateurs de l'opinion publique, pouvoit paroître fronder cette opinion et se trouver par ce fait seul signalé comme un des ennemis du gouvernement, et par conséquent exposé aux plus grands dangers. Les exemples terribles que nous avions chaque jour sous les yeux ne justifioient que trop la possibilité de ce résultat, et puisque le plus faux prétexte fournissoit alors le sujet d'une accusation capitale, on pouvoit raisonnablement craindre qu'un ouvrage soumis au public ne prêtât à la malveillance des armes qu'elle employoit rarement sans succès. J'ai donc pu, sans crime, mettre sous les yeux du citoyen le Thiers les dangers auxquels, dans mon opinion, il s'étoit exposé par le choix de son sujet, et j'avoue que je devois d'autant moins m'attendre à l'interprétation calomnieuse qu'il a donnée à une conversation dont on voit que son intérêt étoit le principal objet, que j'avois voulu lui donner en cela des preuves d'estime et d'attachement, dont il avoit déjà reçu plusieurs témoignages par l'intérêt que j'ai toujours pris à ses progrès dans les arts.

Mais qu'on interprète, si l'on veut, cette simple conversation dans le sens le plus défavorable; qu'en résultera-t-il? Que j'ai dit, au citoyen le Thiers, qu'il avoit eu tort de choisir un pareil sujet; qu'il s'exposoit à être traduit au tribunal révolutionnaire; qu'il me répondit (voyez sa déclaration) que je perdois la tête; et que je lui dis de sortir de chez moi, et de ne plus venir m'importuner.

Mais dire à un homme de sortir de chez soi et de ne plus y revenir, est-ce le persécuter? Et comment les commissaires ont-ils pu se permettre de sophistiquer à ce point les déclarations qu'ils ont extorquées contre moi?

Le citoyen le Thiers, ajoute à sa déclaration une circonstance indifférente en elle-même, mais faite pour me surprendre et m'indigner, car elle contient un mensonge dont le but est assurément le dessein de me nuire.

Lorsque j'étois détenu dans la maison des Fermes, cet artiste, cédant à un mouvement généreux, vint m'y rendre visite et m'assurer qu'il prenoit un vif intérêt à mon sort. Je fus sensible à sa démarche et je lui en témoignai une reconnoissance d'autant plus vive, que d'après le fait dont je viens de rendre compte, je n'avois pas lieu de m'y attendre. Dédaigner un homme dans la prospérité et se rapprocher de lui dans le malheur pour le consoler et le plaindre, sont de ces traits qui appartiennent aux ames nées généreuses et sensibles, et je m'applaudissois de les trouver dans le caractère d'un homme dont j'estime le talent, et dont j'aimois la personne. Mais il semble qu'aujourd'hui, rougissant d'une bonne action, il ait pris à tâche d'effacer jusqu'à la moindre trace des impressions honorables qu'elle avoit laissées dans mon esprit.

Il ose dire qu'il ne vint me voir dans ma prison, que parce que je l'envoyois prier de s'y rendre, et qu'il ne crut pas devoir le refuser au malheur qui pesoit sur ma tête ; mais que depuis il a évité soigneusement de me voir, et qu'il n'existe aucune relation entre lui et moi.

C'est là un mensonge odieux et bas, citoyen le Thiers, et je vous défie de prouver le fait que vous avancé.

Si je vous ai prié de vous rendre dans ma prison, montrez donc le billet que j'ai dû vous écrire, ou nommez l'intermédiaire par qui je vous ai fait faire cette invitation ; dites surtout quel intérêt si pressant me faisoit désirer de vous voir ; quelles confidences j'avois à vous faire, quelles graces à vous demander, quel but enfin je me proposois par cette invitation ?

Maintenant que le citoyen le Thiers, s'est rangé du côté de mes ennemis, je m'attends bien qu'il ne répondra point à ces différentes questions, mais son cœur, dont j'ai lieu de présumer que les premiers mouvemens sont droits, lui fera un éternel reproche d'avoir trahi sa conscience pour servir les plus viles passions, et sans doute, il lui a déjà dit que c'est une grande lâcheté de se réunir aux oppresseurs contre l'opprimé, et de rechercher l'ignoble plaisir de donner le coup de pied de l'ane.

DIX-SEPTIEME ET DERNIER CHEF D'ACCUSATION.

Enfin, d'être un terroriste, désorganisateur et meneur de section. (Voyez la déclaration du citoyen Sollier, n.° 1.)

En lisant cette courte déclaration, on apperçoit que le citoyen Sollier, interrogé s'il savoit quelque fait à ma charge, a déclaré qu'il n'en savoit aucun, et qu'il a fallu remplir le vide facheux d'une pareille déclaration, par les imputations banales, et si généralement appropriées aux circonstances d'etre terroriste, désorganisateur et meneur de section.

Sur le premier point qui touche aux opinions politiques que j'ai manifestées, je n'y répondrai que lorsqu'il sera bien constant qu'on peut traduire en jugement un représentant du peuple pour ses opinions; mais graces à la sagesse de la Convention nationale et au génie tutélaire de la liberté, je n'ai point encore à redouter ce danger, qui seroit une calamité publique; et je ne dégraderai point le caractère dont je suis revêtu au point d'entrer dans aucune discussion à cet égard. J'ai répondu aux deux autres, en affirmant que depuis que je suis représentant du peuple, je n'ai assisté à aucune assemblée générale de la section, et je renouvelle le défi que j'ai porté à mes détracteurs, de prouver le contraire.

Après avoir parcouru le cercle fastidieux des dix-sept chefs d'accusation rédigés contre moi, par les commissaires de la section du Muséum, il est bon d'en présenter la récapitulation pour faire ressortir de plus en plus l'excellence de la méthode qu'ils ont adoptée pour multiplier les effets de la calomnie et grossir la prévention qu'ils ont voulu substituer aux preuves des faits allégués contre moi avec le plus scandaleux éclat, et l'impudeur la plus révoltante.

Je remarquerai donc que sur 17 prétendus chefs d'accusation, cinq sont extraits de la déclaration d'un seul témoin, parlant sur *ouï-dire*, d'après des bruits vagues et sans garantir les faits, savoir : le citoyen Chemelat dont on a vu que toutes les déclarations ont pour principe le ressentiment d'avoir été exclu d'un comité dont j'étois membre.

Six autres sont pareillement extraits de la déclaration d'un témoin unique et ne portant que sur un seul fait, celui d'avoir refusé ma porte à la femme du citoyen Marcel, qui venoit me prier de m'intéresser en faveur de son mari.

Ainsi, lorsque la loi exige la déclaration unanime de deux témoins sur un seul fait, les commissaires de la section du Muséum, osent m'accuser de onze délits par deux témoins, et encore quels délits ! et quels témoins.... !

Le douzième fait se trouve contredit par

les témoins cités pour le prouver, et il est avéré que la pièce qui a donné lieu à l'imputation et qui a été relatée sous la dénomination de liste de proscription, n'a réellement jamais existé.

Le treizième est une conversation dont la fausseté est démontrée par la manière seule dont elle est rapportée.

Le quatorzième est un mot de consolation dit à un citoyen qui venoit réclamer mon secours dans une affaire où j'avois la douleur de ne pouvoir le servir.

Le quinzième m'est étranger, et j'en offre la preuve; il est relatif à ce qui s'est passé il y a deux ans et demi aux jacobins contre le citoyen Boze. Je réclame à cet égard le témoignage du citoyen Dufourny, pour prouver que c'est par moi que Boze échappa au danger qu'il courut.

Le seizième est une supposition prouvée par la déclaration même dont il est extrait; car le citoyen le Thiers, dont il s'agit, n'a jamais dit qu'il eût été persécuté par moi, et sa déclaration se borne à rapporter d'une manière inexacte, une conversation dont son intérêt seul fut le motif, puisqu'elle avoit pour objet de lui faire sentir que, dans les circonstances où nous nous trouvions, il pouvoit y avoir quelque danger à traiter un sujet qui indiquât une opinion contraire à celle du gouvernement.

Et enfin le dix septième est une imputation vague, insignifiante et d'ailleurs hautement démentie par ma conduite depuis que je suis représentant du peuple, puisque j'y suis accusé d'être un *meneur de la section*, lorsqu'il est certain que je n'ai jamais assisté à aucune de ses assemblées.

Je crois avoir prouvé, jusqu'à l'évidence, que tout cet échafaudage d'imputations est l'ouvrage de la haine et des plus aveugles passions ; et, sans doute, j'aurois bien le droit de réclamer contre mes calomniateurs la vengeance des loix protectrices de l'honneur, de la liberté, de la sûreté de tous les citoyens ; mais malgré les dangers auxquels mes ennemis ont su m'exposer, malgré le but atroce d'une persécution qui attaque depuis si long-tems mon honneur et ma vie, je doute si, en détestant leurs criminelles intentions, je ne dois pas les remercier d'avoir mis dans un si grand jour le secret de leur conscience et le but de leurs démarches.

Il sort en effet de toute cette discussion un résultat bien consolant pour moi, c'est que dorénavant je dois être impassible à la calomnie, puisque les recherches laborieuses des plus furieuses passions attachées à ma poursuite depuis plus de neuf mois n'ont pu produire que de vaines déclamations, des injures, des contradictions, et pas un seul fait digne du moindre reproche. Oui, je dois remercier mes ennemis d'avoir eux-mêmes établi mon innocence et démontré la pureté de ma conduite par les moyens même concertés pour me perdre, et je leur déclare que désormais, enveloppé dans ma conscience et fort de la justice de la Convention nationale, je dédaignerai leurs méprisables attaques, en continuant de marcher sans trouble et sans crainte dans la ligne du patriotisme, qui a toujours été la règle de ma vie, et l'ame de toutes mes affections.

Que de préventions cependant il leur sera facile d'élever contre moi ! J'ai été membre de l'ancien gouvernement, et ce gouvernement a mérité l'indignation publique, et il a été détruit ; j'ai été attaché au parti de la Montagne, et la Montagne est en exécration ; j'ai connu, j'ai fréquenté, j'ai même chéri des hommes qui ont joui dans la révolution d'une grande renommée de patriotisme, et ces mêmes hommes se sont rendus criminels envers la liberté et ont été punis par la loi : enfin, je me suis toujours, et partout, fait connoître pour un ardent ami de la liberté et pour un des plus chauds partisans de la révolution ; quelle surface immense je présente aux traits des passions qui grondent autour de moi !

Mais contre ces traits je m'armerai d'une égide qui sera toujours impénétrable, c'est celle d'une vie pure, désintéressée, exempte des passions qui ont déshonoré la carrière de ceux qui ne furent qu'un moment les sincères amis du peuple, d'une vie sur-tout étrangère à tout autre sentiment qu'à celui de la liberté et à l'amour de la patrie.

A des allégations calomnieuses, à de vagues déclamations, à des déclarations mensongères, à de fausses suppositions, j'opposerai des faits positifs et clairement énoncés ; c'est que David, qu'on présente à l'opinion publique comme un terroriste, un persécuteur, un homme livré à l'envie, et altéré du sang de ses rivaux ; David qu'on dit avoir été si terrible dans l'exercice de ses fonctions, qu'on appelle *sa toute puissance*, N'A JAMAIS FAIT ARRÊTER UN SEUL HOMME ; et la preuve, il l'indique dans les registres du comité de sûreté générale, et dans l'absence de toute dénonciation positive à ce sujet : loin de là, il a servi, quand il l'a pu, des hommes injustement persécutés, et il citera, à cet égard, *Fouque*, jeune homme intéressant, employé dans les bureaux de l'instruction publique, enveloppé dans la proscription des députés de la Gironde, et marchant à une mort certaine.

Je citerai Bocoffort pere, riche négociant de Lyon, à qui j'ai eu le bonheur de sauver la vie; Cholet, négociant de la même ville, à qui la liberté fut rendue sur la garantie que je donnai de son patriotisme et de son innocence, et je pourrois en citer beaucoup d'autres dont j'ai pris vainement la défense, et particuliérement Floret ainé, père de famille, généralement estimé à Lyon, que j'ai voulu soustraire aux proscriptions qui ont désolé son pays, et pour qui j'ai fait d'inutiles efforts.

Et ceux qui m'accusent de leur avoir refusé ma médiation et mes secours, et qui, par ce fait seul, donnent lieu à six chefs d'accusation, ignorent ils que j'ai vu mes amis et mes alliés enveloppés dans les mesures cruelles adoptées par l'ancien gouvernement, sans pouvoir les secourir ni les soustraire à une mort presque assurée? Qui ne sait que, pendant plus de quinze mois, j'ai défendu la vie de Charles Seriziat, général de brigade, mon allié, et qu'après l'avoir soustrait aux proscriptions lyonnaises, j'ai eu la douleur de le voir arrêter et traduire au tribunal révolutionnaire, le 10 Messidor dernier, malgré les plus vives représentations que je fis en sa faveur au comité de sûreté générale, qui prit cet arrêté contre lui. Cependant, cet homme m'étoit cher, et si je n'ai pas pu le sauver, si mes plus intimes amis ont péri sur l'échafaud, sans qu'il me fut même permis de mêler mes larmes aux pleurs de leurs familles désolées, comment ose-t-on me faire un crime, en six chefs d'accusation, de n'avoir pu m'intéresser aux plaintes d'une femme parlant pour son mari que je n'ai jamais connu, et qui n'étoit point exposé à de si grands dangers?

Non, je le dis avec une noble assurance, parce que je n'ai pas besoin de le dire pour repousser les accusations absurdes intentées contre moi, je n'ai point une ame insensible, et mon cœur ne fut jamais fermé aux douces impressions d'une juste pitié. En suivant le char de la révolution, j'ai voulu m'attacher à la cause de l'humanité, et je n'en ai jamais tiré les moyens sacrilèges dont quelques hommes ont su couvrir ou déguiser leurs funestes desseins. Exempt de toute espèce d'ambition et seulement passionné pour la gloire que donnent les beaux arts, je n'ai accepté des fonctions publiques, que dans la vue de les servir, et d'assurer leurs prospérité (1); c'est par les vues relatives à cet objet unique de toutes mes études que je me suis fait des ennemis, d'autant plus

(1) Je le repète mes foctions au comité d'instruction publique et les travaux dont j'avois la surveillance m'ont entièrement isolé du comité de sureté générale où je n'assistois jamais, et donc je ne faisois partie que pour compléter le nombre des membres qui devoient le composer.

violens, qu'ils ont trouvé dans l'application de mes principes, la destruction de leurs frivoles et chimériques jouissances ; et c'est parce que j'ai voulu oublier les hommes pour m'occuper que des choses que je vois s'élever contre moi d'irréconciliables inimitiés. Ma nullité dans le comité de sûreté générale, auquel j'ai été appelé, malgré moi, est connue de tous mes collègues ; vingt fois j'ai voulu m'en retirer et vingt fois ma démission a été refusée, et cependant je ne m'y rendois que le plus rarement possible, et sans avoir jamais pris d'autre part à tout ce qui s'y délibéroit, que par ma signature, que j'avois soin de n'apposer (tant étoit grande ma circonspection dans les affaires de sa compétence) qu'aprés celle de mes collègues, où du moins du plus grand nombre d'entre eux.

Qu'on examine ma conduite pendant tout le tems que j'ai été associé aux douloureuses obligations de ce comité, on y reconnoîtra l'inquiétude d'un homme transporté hors de sa sphère et entrainé par le tourbillon révolutionnaire dans des fonctions étrangères à son caractère, à ses connoissances, à ses principes, à son cœur. Jamais on ne ma vu faire aucun rapport au nom de ce comité, et j'en ai fait souvent, au contraire, au nom de celui de l'instruction publique; jamais je n'ai accepté aucune mission, jamais je n'ai accusé ni dénoncé personne, et si à raison de la sévérité des principes que j'ai suivis pour me garantir des erreurs et des suggestions dont les hommes publics ne sont que trop environnés; si, pour me conformer aux lois que s'étoient imposés tous les membres du gouvernement, de n'écouter aucune sollicitation, j'ai été privé de la douceur de tendre une main secourable à ceux qui ont été dans le cas de réclamer mon appui, je n'ai rien, du moins, à me reprocher, et toute la fureur de mes ennemis ne pourra m'imputer avec preuve, d'avoir contribué personnellement à l'exécution des mesures rigoureuses qui ont fait tant de victimes.

Ah! que ces ennemis cruels qui me poursuivent, et qui, en abusant des circonstances, osent me peindre des plus sombres couleurs, descendent dans l'intérieur de ma vie, et qu'ils en exposent, s'ils le veulent, le tableau fidèle sous les yeux du public; qu'ils me saisissent par tous les rapports qui constituent les devoirs de l'homme envers l'humanité, du citoyen envers sa patrie, du fils envers sa mère, du père envers ses enfans; qu'ils citent l'indigent que j'ai refusé de secourir, qu'ils disent quel sacrifice j'ai refusé de faire à mon pays, par où j'ai violé les droits de la nature, trahi les devoirs de l'amitié, ceux de la reconnoissance; et s'ils me trouvent environné, pressé, défendu par tous ceux qui ont été les témoins de mes actions privées, par tous ceux qui m'ont connu, par ceux-même qui n'ont fait que m'entrevoir, y reconnoitront ils les traits hideux dont ils ont voulu marquer mon caractère et le déshonorer? Oui, mes malheurs même ont ouvert pour moi la source de ces consolations, dont les ames sensibles peuvent seules goûter les jouissances; ils m'ont fait retrouver le cœur de mon épouse abusée par de fausses apparences; ils ont fait plus: ils m'ont dessillé les

les yeux sur les principes et les vues de ceux de mes collègues qui, victimes comme moi d'une injuste prévention, ont subi le joug d'une tyrannie à laquelle mon cœur n'eut jamais de part, puisqu'elle fut le produit de l'erreur, entretenue par ceux qui en furent les coupables auteurs.

J'éprouvai avec transport que des cœurs vraiment républicains n'ont besoin que de se rapprocher pour s'entendre, et la réciprocité des sentimens de la plus douce fraternité, fut le fruit d'une circonstance que je regarderai toujours comme une des plus heureuses de ma vie.

C'est ainsi que la nature inépuisable dans ses bienfaits, place les sources du bonheur dans le sein même de l'amertume et de la douleur, et que souvent elle cache le principe des plus douces espérances dans les causes même des noirs chagrins et du désespoir.

Par le principe fécond de cette cause inéfable, dont les effets sont généralement sentis dans le systême moral de l'univers, j'ai vu se rallier autour de moi ceux dont l'amitié doit m'être d'autant plus chère que je me suis toujours porté vers eux par des témoignages plus marqués d'attachement et de prédilection. Les élèves de l'art que je professe, ces jeunes artistes, dans lesquels je me verrai revivre, ont signalé envers moi cette piétié filiale qui lie l'élève à son maître par des chaînes aussi fortes que les liens du sang, puisqu'elles se rattachent aux plus nobles sentimens du cœur humain. J'ai vu leur tendre sollicitude, leur estime, leur touchante amitié, leur espoir, leur reconnoissance, et j'ai béni mon malheur, puisqu'il m'a valu de pareils dédommagemens. Jeunesse intéressante et sensible, reçois dans cet écrit l'expression des sentimens que tu m'inspires. Je le composai pour repousser les attaques du crime, il doit être un hommage à tes vertus, et tout mon cœur t'en décerne le prix. Ah, pour m'aquitter envers toi, je te ferai sans cesse remarquer les ignobles écarts des hommes qui me poursuivent! Je te dirai souvent, garantis-toi de l'influence des froides passions, de la haine, de la jalousie, de l'envie; regardes les artistes qui me persécutent, ils n'ont point de génie, ils n'ont pas même du talent! et comment en auroient-ils? Le génie ne respire que par les plus nobles sentimens, et les passions viles le tuent. (1) Unissant

(1) Je dois remarquer ici que je n'ai pas la douleur de compter au nombre des hommes qui me persécutent, les artistes célèbres qui sont en ce moment l'honneur de l'école française. J'ai reçu de quelques-uns d'eux les marques du plus touchant intérêt, et je regrète de ne pouvoir leur rendre ici l'hommage que je dois à la noblesse de leur ame et à leur rare vertu. L'un d'eux, et c'est un des plus dignes de la renommée, est venu m'offrir dans ma prison des secours et des consolations. J'ai refusé les secours, je n'en avois pas besoin, mais mon ame s'est ouverte toute entière à la reconnoissance que je dois à sa démarche, et elle en retiendra un éternel souvenir. Un autre, non moins célèbre, et particulièrement mon rival dans la carrière que j'ai parcourue jusqu'ici, s'est vengé des torts que j'ai eu envers lui, en prenant ma défense contre mes détracteurs, et il s'est opposé, autant qu'il a été en lui, à l'irruption des vengeances que mes

ainsi les maximes de la morale aux leçons des beaux arts et aux préceptes de l'exemple, je guiderai tes pas dans le sentier difficile de la gloire, heureux de pouvoir bientôt les suivre sans distraction, et de laisser au bout de la carrière, des artistes plus dignes que moi de ses couronnes immortelles.

---

opinions ont soulevées de toutes parts; un jour viendra, peut-être, où je pourrai lui rendre un hommage public des sentimens que m'inspire sa conduite généreuse: mais en attendant, son cœur entendra le mien, et c'est déjà une consolation pour moi de sentir, par son exemple, que la calomnie n'a pas pu m'enlever l'estime des gens de bien.

www.ingramcontent.com/pod-product-compliance
Ingram Content Group UK Ltd.
Pitfield, Milton Keynes, MK11 3LW, UK
UKHW031954260826
14628UKWH00005B/2057

9 782013 272810